EXPOSÉ SUCCINCT

D'UN

NOUVEAU SYSTÈME D'ORGANISATION

DES

BIBLIOTHÈQUES PUBLIQUES;

PAR UN BIBLIOTHÉCAIRE.

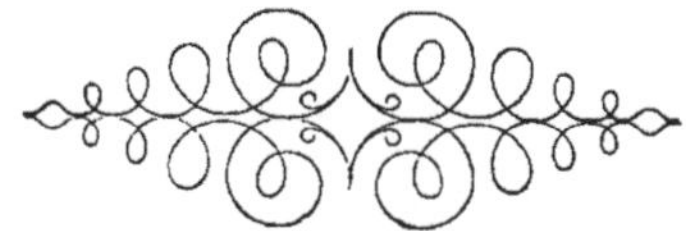

𝕸𝖔𝖓𝖙𝖕𝖊𝖑𝖑𝖎𝖊𝖗.

TYPOGRAPHIE ET LITHOGRAPHIE DE BOEHM.

1845.

EXPOSÉ SUCCINCT

D'UN

NOUVEAU SYSTÈME D'ORGANISATION

DES

Bibliothèques Publiques;

PAR UN BIBLIOTHÉCAIRE.

MONTPELLIER.
Typographie et Lithographie de BOEHM, boulevard Jeu-de-Paume.
1845.

EXPOSÉ SUCCINCT

D'UN

NOUVEAU SYSTÈME D'ORGANISATION

DES

Bibliothèques Publiques.

———◦———

E nombre et l'importance des Bibliothèques publiques de la France, l'em-
pressement des hommes de lettres à s'y
rassembler, l'utilité de ces établissemens
pour le progrès des études, imposent au
Gouvernement l'obligation de conserver avec soin,
de communiquer facilement, et d'inventorier exactement les livres qu'on y a déposés.

La conservation et la communication des livres dépendent de la perfection de l'inventaire ou catalogue ; car la responsabilité du Bibliothécaire est illusoire , si l'on ne peut déterminer avec détail la valeur des collections confiées à sa garde ; et la communication des livres est impossible , s'ils n'ont pas un numéro d'ordre inscrit dans un répertoire méthodique.

Ainsi, *inventorier, conserver, communiquer,* ce sont là les trois branches du service des Bibliothèques : ces trois mots résument tous les devoirs du Bibliothécaire , et le premier indique la partie de ses fonctions indispensable à l'accomplissement des deux autres.

Cependant, le Gouvernement ne possède aucun inventaire complet des ouvrages accumulés dans ces précieux dépôts des connaissances humaines. L'accroissement considérable et imprévu qu'ont reçu les diverses Bibliothèques , par suite de la dispersion des ordres religieux et de l'incorporation de leurs livres dans les Bibliothèques publiques ; l'insuffisance du nombre des employés de ces établissemens ; leur manque de connaissances spéciales ; la parcimonie avec laquelle on les rétribue ; le défaut d'un règlement unique, d'un mode de travail uniforme, telles sont les principales causes de l'absence des inventaires ou catalogues , absence si préjudi-

ciable aux intérêts de la science et même aux intérêts de l'État. D'un autre côté, la société actuelle
ayant pour base la centralisation, il importe au
Gouvernement qu'aucune branche du service public
ne reste en dehors de ce vaste réseau qui couvre
toute la France, et dont les fils aboutissent au
centre de l'unité administrative du pays.

Or, les Bibliothèques publiques ont échappé jusqu'à ce jour au contrôle régulier, à la direction
entière du pouvoir central. L'organisation, les rè-
glemens, le classement, sont différens pour chaque
Bibliothèque. Le Ministre de qui relèvent ces établissemens, ne possède pas même la liste des livres
qu'ils renferment, n'exerce pas partout le droit de
nomination aux divers emplois ; enfin, n'a aucune
action réelle sur leur administration qui est livrée
à l'arbitraire, au caprice, à l'anarchie. Ce serait
donc une entreprise d'une utilité incontestable,
que celle qui aurait pour objet d'organiser à la
fois, avec une unité parfaite, toutes les parties
du service dans les Bibliothèques publiques, en
dressant un seul et même inventaire pour tous
les livres qu'on y a réunis. Si ce catalogue général
était exécutable, il remédierait certainement aux
vices que je viens de signaler ; car, en même temps
qu'il assurerait la conservation, il rendrait facile
la communication des livres ; il permettrait de faire

rentrer les Bibliothèques dans le giron de l'État, et de les rattacher par des liens solides au pouvoir central, hors duquel il n'y a plus aujourd'hui ni ordre, ni direction, ni surveillance.

C'est le plan d'une telle entreprise que je viens soumettre au jugement des hommes compétens, et sur lequel j'appelle toute leur attention. Je propose d'abandonner tous les travaux isolés de Catalogue qui s'exécutent dans les diverses Bibliothèques, et d'établir une *Bibliographie universelle*, comprenant l'indication de tous les écrits publiés depuis l'invention de l'imprimerie, disposée méthodiquement, et de manière à devenir le Catalogue général et complet de toutes les Bibliothèques de France et même d'Europe.

Je supplie mes lecteurs de ne pas considérer tout d'abord la grandeur d'un tel projet, et de ne pas le rejeter avant d'avoir examiné avec soin la possibilité de son accomplissement; les arts, l'industrie, les sciences mécaniques produisent chaque jour autour de nous des ouvrages bien autrement gigantesques, des merveilles bien plus extraordinaires. On détourne de son lit un torrent rapide, pour l'envoyer, à vingt lieues de son cours, désaltérer toute une ville importante; on creusera bientôt un profond passage pour nos vaisseaux à travers le continent qui sépare deux Océans : rien n'est trop grand, rien n'arrête, quand il est question du bien-être matériel, ou du développement de la fortune publique.

Il s'agit dans mon projet d'une œuvre réellement utile à la science et à l'intelligence. Le Gouvernement commence l'instruction des enfans dans les Écoles primaires, il la continue dans les Colléges et Facultés, il doit l'achever pour tous les citoyens dans les Bibliothèques. Ce dernier mode d'enseignement ne sera parfait qu'alors que tous les hommes studieux trouveront dans ces établissemens les secours, les renseignemens, les détails qu'ils viennent y demander. Ces renseignemens ne peuvent leur être donnés sans un Catalogue parfait, et le moyen le plus simple, le plus prompt, le moins coûteux d'exécuter ce Catalogue, c'est, comme je le prouverai tout-à-l'heure, d'établir une *Bibliographie universelle*. Mais, auparavant, je dois, par quelques considérations préliminaires, montrer le besoin du travail que je propose par l'exposé de ce qui se fait et peut se faire sous le régime actuel.

Il y a déjà long-temps que l'attention du Gouvernement s'est portée, pour la première fois, sur le sujet qui m'occupe. L'état de la Bibliothèque royale en particulier, l'imperfection de ses Catalogues, les plaintes incessantes qui s'élèvent contre son administration, ont fait naître divers projets pour la réorganisation de cet établissement. Personne cependant ne me paraît avoir mis le doigt sur la plaie, et indiqué le remède à y appliquer. On dessine et on grave de magnifiques plans pour la construction d'une Bibliothèque nouvelle ; on discute la possibilité, les avantages, les inconvéniens d'un déménagement ; on a même, si je ne me trompe, décrit la forme des paniers dans lesquels on transportera les volumes. Mais, quand ce monument sera bâti et ce déplacement effectué, la Bibliothèque royale n'en sera pas moins un immense amas de livres dépareillés , accumulés sans méthode, entassés sans ordre , disséminés sans inventaire, et comme ensevelis dans un vaste sépulcre pour y être lentement réduits en poussière.

Ce qu'on devait proposer , c'était un projet sérieux et pratique pour la confection prompte des Catalogues ; et, avant tout, il fallait avouer franchement au Gouvernement et au pays que ces Catalogues n'existaient pas , et qu'on manquait des ressources nécessaires pour les exécuter. Il fallait dévoiler les vices d'une administration dont les chefs , égaux entre eux, formant une sorte de tribunal suprême, de concile infaillible qu'on nomme *Conservatoire* , sont sans cesse et par la nature de leurs attributions, divisés de vues, d'intérêts, d'opinions, et n'ont ni les mêmes besoins, ni les mêmes travaux, ni la même responsabilité. Il fallait enfin faire remarquer que la vraie et réelle Bibliothèque se composait seulement de la collection des manuscrits et imprimés qu'on a si malheureusement flanquée des sections de médailles , cartes, estampes , espèces de succursales des Musées qui n'ont qu'un rapport très-éloigné avec la Bibliothèque royale, et dont les chefs ont pourtant des droits, une autorité , une importance, des avantages pareils à ceux qui sont accordés aux conservateurs des imprimés et manuscrits.

Sur tous ces points, et sur d'autres encore, on a gardé un profond silence. On s'est contenté de répondre à de vagues accusations par de petites réformes ; on a obtenu des employés un redoublement de zèle et d'efforts peu en harmonie avec la modicité de leur traitement ; on a établi un cabinet de lecture bien clos et bien chauffé pour la commodité des habitués illettrés et frileux; on a construit des machines, percé des plafonds , établi des trappes pour faire passer d'un étage à l'autre la demande écrite du lecteur. Une fois tombé dans ces sortes d'oubliettes , le bulletin ne revient guère ou plutôt il remonte avec le mot *absent*, ce qui signifie que l'employé n'a pas trouvé le livre indiqué: c'est qu'en effet, pour faire une recherche avec intelligence et avec succès , il faut le plus souvent avoir été mis en rapport avec celui qui la désire ;

il faut avoir échangé avec lui quelques paroles
et recueilli quelques renseignemens. Aussi, toutes
les prétendues améliorations qu'on a introduites
dans le service de la Bibliothèque royale n'ont-elles
rien changé à la situation réelle de cet établissement,
situation qui s'aggrave de jour en jour, et à laquelle
je ne connais qu'un seul remède, c'est l'achèvement
des Catalogues. Pour achever ces Catalogues, pour
les commencer même d'une manière rationnelle, il
serait indispensable de doubler au moins le personnel du département des imprimés, et d'y faire
entrer des hommes spéciaux pour chaque division
de l'inventaire. Or, en réfléchissant mûrement sur
les moyens d'exécution de ce Catalogue, et en
supposant qu'on adoptât d'abord toutes les mesures
que j'ai fait pressentir, je suis arrivé à la conviction que le Catalogue de toutes les Bibliothèques
de France pouvait s'exécuter à la fois par une seule
et même opération, et épargner ainsi à l'État beaucoup d'argent, aux Bibliothécaires beaucoup d'em-
barras et de soucis, aux Savans des désappointe-
mens sans nombre, à la Science des pertes irré-
parables. Pour faire partager mes vues à ceux qui
voudront bien en lire l'exposé, il me semble nécessaire de faire connaître le système qu'on a suivi,
depuis près d'un siècle, pour le classement de la
Bibliothèque royale. Je démontrerai que ce système

est vicieux ; que le cadre en est trop étroit pour embrasser tous les livres qu'on possède ; qu'il y a lieu de refaire sur de nouvelles bases tout cet inventaire ; que ce travail même est impossible, à moins que l'on ne ferme pendant plusieurs années la Bibliothèque royale ; et si cette fermeture est tout-à-fait inadmissible, il faudra reconnaître alors la nécessité d'accueillir quelque moyen nouveau et sûr de dresser cet inventaire général, sans lequel on ne peut conserver ni communiquer non-seulement les ouvrages de la Bibliothèque royale, mais encore ceux de toutes les autres Bibliothèques.

La Bibliothèque royale (département des imprimés) contient au moins un million de volumes. En 1782[1], on y comptait 200,000 volumes dont le Catalogue était imprimé pour la Théologie, les Belles-Lettres et une partie de la Jurisprudence. Ce Catalogue n'était pas achevé pour les divisions de l'Histoire et des Sciences et Arts. Depuis lors, il n'est pas entré dans les bâtimens de la rue de Richelieu moins de 800,000 volumes, sur lesquels 200,000 environ ont été intercalés dans l'ancien Catalogue. Le reste a été rangé d'après un classement provisoire, très-imparfait, et une partie considérable est même demeurée sans aucun classement.

[1] Leprince ; *Essai historique.*

M. Van Praet dont le nom est vénéré par les bibliographes à cause de son érudition, et par les hommes de lettres à cause de sa complaisance , avait été témoin de tous les accroissemens de la Bibliothèque depuis un demi-siècle qu'il en était le chef. Il avait reçu tous les livres provenant des diverses Bibliothèques monastiques et ceux que nous avions empruntés, pour si peu de temps, aux Bibliothèques des villes conquises par nos armées. La loi sur le dépôt était venue encore augmenter cet encombrement dont on fut toujours très-peu effrayé, car on ne cessa jamais d'acheter chaque année une grande quantité d'ouvrages.

M. Van Praet était doué d'une mémoire prodigieuse , d'une activité infatigable ; il avait acquis des connaissances bibliographiques très-étendues , mais il manquait absolument de l'esprit d'ordre indispensable dans la direction d'une Bibliothèque. Il s'était borné à faire un classement provisoire, au fur et à mesure des arrivages de ces cargaisons de livres qu'on lui adressait de tous côtés, et il avait conservé pour lui seul le secret de ces rangemens. Pendant sa vie, on admirait et on célébrait très-haut la facilité avec laquelle il trouvait des livres qu'on avait vainement demandés à d'autres Bibliothécaires ; sa réputation était devenue européenne, grâce surtout aux éloges que lui donnaient dans leurs préfaces les auteurs reconnaissans ; c'est qu'effectivement il savait seul chercher dans ce labyrinthe les ouvrages peu connus, et ne confiait à personne le fil qui le guidait. Aussi, après sa mort, il n'a plus été possible de cacher le désordre qu'il avait entretenu tout en le dissimulant. Il est donc constant que, pendant l'administration de M. Van Praet, on a reçu à la Bibliothèque royale au moins 800,000 volumes, dont 200,000 au plus ont été intercalés dans l'ancien Catalogue. Pour comprendre en quoi consiste cette intercalation, et pour reconnaître qu'elle ne pourrait avoir lieu pour les 600,000 volumes qui restent à inventorier, il faut savoir quelles sont les divisions du Catalogue de la Bibliothèque royale. Ces divisions sont au nombre de **28** ; en voici la nomenclature :

A.   L'Écriture Sainte.

B.   Liturgie et Conciles.

C.   Pères de l'Églises.

D.   Théologie orthodoxe.

D².   Théologie hétérodoxe.

E.   Le Droit canon.

E*.   Le Droit des gens.

F.   Le Droit civil.

G.   Géographie, Chronologie.

H.   Histoire Sainte et Ecclésiastique.

J.   Histoire Ancienne, Grecque, Romaine.

K. Histoire d'Italie.

L. Histoire de France.

M. Histoire d'Allemagne, Russie.

N. Histoire d'Angleterre.

O. Histoire d'Espagne et Voyages.

P. Biographie, Histoire particulière.

Q. Histoire Littéraire, Bibliographie.

R. Philosophie.

S. Histoire naturelle.

T. Médecine, Chimie.

V. Mathématiques.

X. Grammaire, Lexicographes.

Y. Mythologie, Poésie.

Y^2. Romans.

Z. Philologie, Polygraphes.

Z^{ancien}. Commerce et divers Arts.

V^m. Musique.

Dans chacune de ces divisions, qui sont elles-mê-
mes subdivisées en plusieurs parties, on a établi un
ordre régulier qu'il faut bien connaître pour intercaler de nouveaux ouvrages. Par exemple, les
poésies de Charles d'Orléans précèdent celles de
Ronsard, et celles-ci précèdent les œuvres de Ra-
cine. Les différentes éditions d'un même ouvrage
sont également classées par ordre chronologique;
enfin, chaque point de la Science ou des Lettres
donne lieu à un groupe d'ouvrages disposés mé-

thodiquement, aucun anneau ne devant être rompu dans cette grande chaîne, à laquelle se rattachent tous les produits de l'esprit humain. Dans la Bibliothèque royale de Copenhague cet ordre méthodique est si parfait, que les livres ne portent aucun numéro, bien qu'ils soient au nombre de 400,000. Les Bibliothécaires sont toujours choisis parmi des hommes assez instruits pour connaître la place précise que l'ouvrage demandé doit occuper dans la classification générale, sans avoir même besoin de consulter le Catalogue; pourtant ce Catalogue existe, et c'est de sa perfection même que dépend la facilité des recherches.

A la Bibliothèque royale, comme nous l'avons dit, quatre cent mille volumes au plus sont catalogués et classés dans les divisions que nous venons d'énumérer. Il en reste par conséquent cinq à six cent mille à y intercaler, et voici l'obstacle que l'on rencontre.

Les premiers auteurs du Catalogue n'ayant pas prévu l'immense accroissement qu'il devait recevoir, n'y ont laissé aucune lacune. Si la lettre A, par exemple, contenait cinq mille ouvrages on a employé cinq mille numéros, et comme, par suite de la régularité de la classification, un livre a une place déterminée, il a pu arriver qu'entre les numéros 10 et 11 de cette lettre, il ait fallu insérer cent ouvrages, ce qui a nécessité l'emploi de *bis* , *ter* , *quater*, etc., et a obligé de multiplier les sous-chiffres, jusqu'à produire dans le numérotage et dans le Catalogue une confusion inextricable. Cependant, ces sous-chiffres, déjà si multipliés, n'ont pas servi à classer tous les livres, puisque, suivant moi, six cent mille sont encore à intercaler,

Il est donc absolument indispensable de refaire en entier le Catalogue général de la Bibliothèque, en conservant, si l'on veut, les divisions actuelles, mais en élargissant le cercle dans lequel elles sont enfermées. Si la lettre A contenait 5,000 numéros, elle devra en contenir 30,000, et ainsi des autres. D'après les erremens ordinaires, on devrait s'y prendre de la manière suivante pour faire le Catalogue. On commencerait par transcrire sur des cartes et en double le titre de chaque ouvrage, en lui assignant un numéro d'ordre provisoire, sans s'occuper du classement définitif. Un million de volumes représente bien 500,000 cartes, et comme on les ferait doubles cela fait un million de cartes. Pour transcrire ces cartes, il faut remuer des volumes poudreux, les transporter auprès de soi, lire le titre avec soin, les remettre à leur place, y appliquer une étiquette ; il en résulte une certaine perte de temps, et je ne pense pas qu'un employé très-actif puisse faire plus de 50 cartes par jour. En déduisant les jours fériés, les vacances, les indispositions, il reste au plus 270 jours de travail par an, ce qui produirait par chaque employé 13,500 cartes, et par dix employés 130,000 cartes par an. A ce compte, il faudrait huit ans pour faire les cartes de tous les livres, et encore, après ce laps de temps, aurait-on un arriéré de plus de cent mille volumes qui, par le dépôt, par les acquisitions et dons, seraient entrés à la Bibliothèque. Il serait possible que quelqu'un de bien informé vînt m'apprendre que les employés de la Bibliothèque font plus de cinquante cartes par jour, quand ils en font ; mais, je ferais remarquer en réponse à cette objection, que je voudrais des cartes bien exactes et sans erreur. Je ne permettrais pas, par exemple, qu'on portât au nom de Daniel une dissertation dédiée à ce dernier et écrite par Michel. Les cartes qui se sont faites à la Bibliothèque royale, depuis quarante ans, fourmillent de bévues de ce genre, et sont, à cause de cela, bonnes à jeter au rebut. Ainsi donc, il faudrait huit ans à dix employés et deux ans à quarante, pour dresser sur doubles cartes l'inventaire des livres de la Bibliothèque. Mais, après que ce travail serait exécuté, on en aurait à entreprendre un autre bien autrement considérable. Je veux parler de la classification méthodique de tous les ouvrages.

Un des plus graves défauts de l'organisation ac-

2

tuelle de la Bibliothèque royale, c'est le manque
de connaissances spéciales de la part des employés,
qui sont obligés de classer des livres de Médecine
quand ils ont étudié l'Histoire, ou des livres de
Jurisprudence quand ils se sont particulièrement oc-
cupés de Littérature, ou enfin des livres Grecs,
Latins, Hébreux, quand ils n'ont rien étudié du tout,
ce qui a pu arriver. On aura beau y mettre une
grande bonne volonté, être doué de beaucoup de
sagacité, savoir le grec, le latin, et autre chose,
on pourra pourtant, si on n'est pas théologien,
classer dans les livres orthodoxes un ouvrage con-
damné par l'Église, ou placer dans l'Histoire un de
ces romans soi-disant historiques, qu'on a publiés
en si grand nombre à diverses époques. Je ne cite
là que des exemples vulgaires, mais il y a des livres
dont la place est très-difficile à déterminer dans une
classification générale, à moins que, déjà initié à la
matière dont on fait le Catalogue, on n'ait antérieu-
rement porté un jugement motivé sur l'ouvrage qui
fait l'objet de cette hésitation. Ainsi, il faut des
hommes spéciaux pour faire le Catalogue méthodique; il en faudra encore quarante qui ne pourront
classer plus de mille ouvrages par jour, ce qui deman-
dera encore environ cinq années. D'après ce plan, on
voit qu'il serait nécessaire d'avoir quarante employés
spéciaux pour le Catalogue, et qu'ils mettraient en

tout sept ans à le confectionner. Mais ils éprou-
veront, dans l'exécution de ce travail, des obstacles
qui naîtront du prêt des livres au dehors et de leur
rangement quotidien. Les livres déjà classés s'éga-
reront au dehors et au dedans, et quelques accidens
de ce genre suffiront pour occasionner des retards
interminables. D'ailleurs, quarante employés instruits ne se trouvent pas dans le personnel actuel
de la Bibliothèque royale, qui est presque entière-
ment absorbé par le service public. On devra donc
chercher, parmi les hommes les plus érudits de la
France et de l'Étranger, ceux qui voudront bien se
charger de cet important travail qu'on ne saurait
confier à des esprits superficiels. La rémunération
qu'on offrira à ces hommes distingués, ne saurait,
ce me semble, être moindre que trois mille francs
par an; et, par conséquent, si les Chambres y consen-
tent, le Catalogue de la Bibliothèque royale pourra
être fait dans dix ans, et coûtera 1,200,000 francs :
et encore sera-t-il indispensable, au moment d'un
récolement général des livres, d'en interdire absolument le prêt au dehors, et même de fermer la
Bibliothèque au public pendant plus de deux ans.

Je verrais à regret démentir mes assertions, parce
qu'il importe de ne plus laisser aucun doute et de
dissiper toutes les illusions sur l'état de la Bibliothèque royale et sur les moyens efficaces d'en ef-

fectuer le Catalogue ; mais je dois déclarer que rien ne saurait ébranler mes convictions à cet égard. Il y a plus de dix ans que j'ai fait, pour la première fois, les réflexions que je publie aujourd'hui, et depuis lors, l'expérience et la méditation les ont nourries et fortifiées. Il n'est aujourd'hui de l'intérêt de personne d'égarer l'opinion publique sur ce sujet dont elle se préoccupe ; la France ne peut consentir ni assister à la destruction sourde, à la ruine progressive des monumens qui attestent le mieux sa vraie grandeur. C'est par l'intelligence que la France règne dans le monde entier, et ses plus glorieux trophées sont déposés dans ses Bibliothèques, dont la richesse fait envie aux autres nations.

Ainsi, et pour résumer tout ce que je viens de dire, l'établissement du Catalogue de la Bibliothèque royale est une entreprise immense, entourée de difficultés, et qu'on n'accomplira dans tous les cas qu'en y consacrant une énorme somme d'argent, et en prenant les mesures que j'ai indiquées. Mais, quand on aura exécuté ce Catalogue, on n'aura pas pourvu, par là, à l'organisation de toutes les autres Bibliothèques publiques, qui sont au nombre de plus de cent cinquante, et qui contiennent au moins quatre millions de volumes. Le Gouvernement ne pourra pas, avant d'avoir fait exécuter tous ces

Catalogues, exercer une surveillance réelle, un contrôle effectif sur ces établissemens. Les bibliothécaires seront toujours irresponsables, car on ne
peut garantir des richesses dont on ignore la valeur et l'étendue ; les hommes studieux seront toujours mal servis dans leurs recherches , car on ne
peut communiquer ce qu'on ne connaît pas.

L'ouvrage que je propose d'entreprendre sous
le titre de *Bibliographie universelle* , comprenant
l'indication de tous les écrits publiés depuis l'invention de l'imprimerie , remédierait assurément à
tous les défauts de l'organisation actuelle , effacerait
tous les désordres signalés et en rendrait le retour
impossible , en même temps que ce serait le plus
vaste et le plus beau monument d'érudition littéraire qui se puisse édifier. Je prouverai tout-à-
l'heure que l'exécution d'un tel travail est non-seulement possible , mais même plus facile que la confection du seul Catalogue de la Bibliothèque royale ;
mais, pour un instant , je prie mes lecteurs de sup-
poser que cette *Bibliographie universelle* existe , et
je demande qu'on considère les avantages qu'elle
présenterait pour l'organisation immédiate des Bibliothèques.

Ne serait-il pas bien simple que , par l'ordre
du Ministre , on entreprît le récolement général
des Bibliothèques, en les classant toutes d'après la

méthode suivie dans cette *Bibliographie universelle*, de telle sorte que le même ouvrage fût classé dans chaque dépôt sous un même numéro? En marquant d'un signe particulier, en soulignant, par exemple, sur l'exemplaire imprimé de la *Bibliographie universelle*, le titre et le numéro d'ordre de chaque ouvrage déposé dans chaque Bibliothèque, il ne serait désormais plus nécessaire de faire aucun Catalogue, et la *Bibliographie universelle*, continuée chaque année, refondue tous les vingt ans, deviendrait à toujours le catalogue et l'inventaire de chaque Bibliothèque en particulier et de toutes ensemble.

On posséderait, au Ministère de l'instruction publique, l'exemplaire double de la Bibliographie annotée dans chaque Bibliothèque, et, par ce moyen, en reportant sur un inventaire général les indications recueillies pour chaque dépôt, on parviendrait à former le Catalogue immense de tous les ouvrages conservés dans les Bibliothèques publiques de France.

On pourrait apprendre à un savant qu'un livre rare, objet de ses recherches depuis plusieurs années, indispensable à l'achèvement de ses travaux, vainement demandé dans les Bibliothèques de Paris, se trouve à Lille ou à Marseille et sous un numéro précis, avec une indication certaine, sans que le bibliothécaire puisse échapper à l'obligation de le

.ommuniquer. Il est en outre évident que, si cette *Bibliographie universelle* existait , elle serait adoptée dans toutes les Bibliothèques considérables d'Europe, publiques ou non , pour y servir d'inventaire ou de catalogue.

Je ne crois pas que les avantages que je viens d'indiquer puissent être mis en doute ; il sera seulement difficile de faire admettre la possibilité de l'exécution de ce projet. Pour moi , cette possibilité est démontrée ; dix ans de réflexion et de recherches n'ont fait que fortifier ma conviction à cet égard. Voici comment je pense qu'il faudrait procéder pour mener à fin ce beau et grand travail.

Il serait établi au Ministère de l'instruction publique , un Comité formé d'un certain nombre d'érudits dans les diverses branches des connaissances humaines ; les membres de ce Comité se diviseraient en cinq classes :

Théologie ;

Jurisprudence ;

Histoire ;

Sciences et arts ;

Belles-lettres.

Chaque classe déterminerait les subdivisions que comporterait la science qu'elle embrasse. Par exemple , la Théologie comprend : l'Écriture-Sainte , les Conciles , la Liturgie , les Pères de l'Église ,

la Théologie proprement dite , qui se divise elle-
même en orthodoxe et hétérodoxe ; chaque sub-
division ferait l'objet d'un travail bibliographique
spécial qui, d'après la désignation et sous la surveillance du Comité , serait confié par le Ministre à
diverses personnes. L'une recueillerait la nomenclature de toutes les diverses éditions de l'Écriture Sainte , une autre rédigerait la Bibliographie
des commentateurs , un autre composerait le Catalogue des livres liturgiques , et ainsi de suite. Les
littérateurs les plus distingués , les savans les plus
illustres , les jurisconsultes les plus érudits , les
médecins les plus instruits de l'Europe seraient ap-
pelés à concourir à la rédaction de ce grand ouvrage,
et chacun d'eux y serait employé dans les limites de
sa spécialité.

Ce travail , ainsi fractionné et confié à des savans
spéciaux , peut s'exécuter rapidement et facilement.
Ces sortes de monographies bibliographiques ont
déjà été entreprises pour beaucoup de parties de la
science. On connaît la *Bibliothèque historique* de la
France , par Fontette et le père Lelong ; la Bibliographie des Journaux, par Deschiens ; les Manuels
de Bibliographie classique , par Schweiger et Wa-
gner ; les Annales des Aldes , par Renouard ; le
Catalogue des livres imprimés sur vélin , par Van-
Praet ; la Bibliographie de la Musique , par Lich-

tenthal. On a fait des Bibliographies spéciales pour les Mathématiques, la Médecine, l'Astronomie, etc. Il existe une quantité innombrable de Bibliographies locales ; Nicolas Antonio, pour l'Espagne ; Braun, pour la Pologne ; Sander, pour les Flandres ; Czvittinger, pour la Hongrie ; Begin, pour le pays Messin et mille autres. On possède la nomenclature complète des livres imprimés dans le XVe siècle. L'Allemagne a mis au jour le Catalogue très-exact de tous les livres publiés dans ce pays depuis deux siècles. M. Daunou a laissé à la Bibliothèque Sainte-Geneviève, le Catalogue des Voyages ; M. Beuchot a, depuis 30 ans, publié la liste complète des ouvrages imprimés en France ; l'Administration de la marine a fait imprimer récemment le Catalogue complet de toutes ses Bibliothèques, dont tous les livres figurent et sont réunis dans un seul inventaire ; enfin, les élémens de ce travail sont épars, toutes les pierres de l'édifice sont taillées, il s'agit seulement de les réunir, de les coordonner, de les disposer méthodiquement, et d'en former un monument complet.

On concevra difficilement qu'un ouvrage considérable comme une *Bibliographie universelle*, puisse être exécuté plus rapidement, plus aisément, et à moins de frais que le seul Catalogue de la Bibliothèque royale. Rien n'est plus vrai, cependant, qu'une

telle assertion et voici pourquoi : c'est que les hom—
mes spéciaux, les érudits qui se sont livrés à l'étude
approfondie d'une science , possèdent la Bibliographie de cette science , ou , du moins , ont sous la
main les moyens de l'établir , sans avoir besoin
pour cela d'être placés au milieu d'une Bibliothèque
considérable ; aussi , est-il remarquable que les
Recueils bibliographiques les plus importans n'ont
pas été rédigés par des bibliothécaires, mais par des
savans isolés. Ce qui est difficile dans un semblable
travail , ce n'est pas de recueillir tous les titres des
ouvrages publiés ; mais bien de préciser la place
que chacun d'eux doit occuper dans la classification
générale.

Tout ce travail pourrait se subdiviser environ
en cent fractions , et ce serait donner à chaque
fraction une rémunération très-convenable, que d'y
affecter une somme de dix mille francs. L'ensemble
de l'ouvrage coûterait donc au plus un million à
l'État, c'est-à-dire , moins que le seul Catalogue de
de la Bibliothèque royale. Les frais d'impression
seraient couverts et au-delà, par la vente des exem-
plaires , qui seraient assurément recherchés pour
toutes les Bibliothèques importantes de l'Europe.

Lorsque toutes les parties du travail seraient
achevées, le Comité procéderait au classement ,
d'après le système bibliographique qu'il aurait dé-

terminé. Il ferait dresser une Table générale des matières et des noms, un Index des lieux et des auteurs anonymes; il élaguerait les indications doubles qui n'auraient pas manqué de se glisser dans certaines subdivisions, et ensuite, avant de commencer l'impression de l'ouvrage, on ferait un récolement général de la Bibliothèque royale, salle par salle, volume par volume, et on classerait dès-lors ce vaste dépôt suivant l'ordre admis dans la *Bibliographie universelle*. Une copie de l'ouvrage deviendrait, dès ce moment, le Catalogue de la Bibliothèque royale, et les numéros assignés dans la Bibliographie à chaque volume, seraient immédiatement reportés sur les livres de la Bibliothèque. Et quand, par ce récolement général, on aurait rempli les lacunes, réparé les omissions, corrigé les erreurs inévitables dans un si grand travail, on ferait imprimer l'ouvrage entier, qui serait aussitôt imposé à toutes les Bibliothèques de France, pour leur servir de catalogue.

En moins de cinq ou six ans, ce grand ouvrage peut être achevé, et tous les trésors enfouis dans nos Bibliothèques pourront être conservés, inventoriés et communiqués, selon la pensée de l'État et les besoins de la science.

Non-seulement, par un tel inventaire, on connaîtra les richesses littéraires des diverses Bibliothèques ; mais encore on saura précisément ce qui leur manque. On ne sera pas exposé , comme cela est arrivé trop souvent , à acheter des ouvrages qu'on possédait déjà ; on appréciera exactement les nécessités des Bibliothèques , et le Gouvernement pourra faire à chacune une répartition plus intelligente de ses dons et de ses secours ; l'échange des doubles pourra s'opérer avec utilité et sans dommage pour aucun dépôt ; on complétera les Bibliothèques les unes par les autres au profit des hommes studieux qui , relégués dans les villes de province , manquent de ressources pour leur travaux ; enfin, la disparition d'un seul ouvrage devient impossible , sans qu'elle soit couverte par la responsabilité du bibliothécaire, réellement garant des livres dont il est le gardien. Il ne resterait plus aux bibliothécaires d'autre soin que de rédiger le Catalogue des manuscrits , ce qui pourrait s'exécuter en peu de temps.

Il serait facile d'ajouter des considérations étendues aux simples aperçus que j'ai présentés ; l'examen des divers systèmes bibliographiques aurait pu fournir la matière d'un long Mémoire. Je n'ai pas pensé qu'il fût nécessaire d'étaler tant de recherches ni de produire tant de documens. Je crois en avoir dit assez pour appeler, sur ce projet, l'attention des esprits éclairés, déjà vivement

préoccupés , et depuis long-temps , de la situation
des Bibliothèques publiques de France. C'est surtout au Ministre actuel de l'instruction publique , à
M. de Salvandy , que j'adresse avec confiance et
simplicité ce petit Écrit. Les adversaires politiques
de cet homme d'état n'ont pu jusqu'ici s'empêcher
de rendre hommage à la noblesse de son caractère ,
et de reconnaître en mainte occasion , la sollicitude
dont il est animé pour l'amélioration de toutes les
parties de l'administration qu'il dirige ; je puis donc
espérer qu'il daignera examiner avec soin et juger
avec bienveillance les vues que je viens d'exprimer.

Si ce plan de réorganisation des Bibliothèques
soulève quelques objections , je crois pouvoir y répondre ; si on me demande des développemens plus
étendus, je suis prêt à les fournir ; si , enfin , l'in-
différence accueille cet opuscule et le laisse dans
l'obscurité qui couvre son auteur , je m'en conso-
lerai par la pensée que j'ai satisfait à un besoin
impérieux de ma conscience , et obéi au désir sin-
cère d'être utile à mon pays. *Habent sua fata libelli.*

UN BIBLIOTHÉCAIRE.